Anniv surprise à Paris

Alles Digitale zu diesem Buch kann auf der Lernplattform **allango** von Ernst Klett Sprachen abgerufen werden. So geht's:

QR-Code scannen oder **www.allango.net** aufrufen	Buchtitel oder ISBN in der Suche eingeben und auf das Buchcover klicken	Zum Inhalt navigieren, direkt abrufen oder speichern

Dieses Symbol bedeutet, dass zu einem Buch-Abschnitt ein digitaler Inhalt verfügbar ist.

Dennis Fender

Anniv surprise à Paris

Ernst Klett Sprachen
Stuttgart

Bildquellennachweis:
43 123RF.com (microone), Nidderau; **46** 123RF.com (ankomando); **47.1** Adobe Stock (FrankBoston), Dublin; **47.2** Adobe Stock (baibaz); **47.3** Adobe Stock (tarasov_vl); **47.4** Adobe Stock (sommai); **47.5** Adobe Stock (Brad Pict); **47.6** Adobe Stock (fabiomax); **48** 123RF.com (nickpetrov); **56** 123RF.com (puruan); **56.1** Adobe Stock (Thierry Hoarau); **56.2** 123RF.com (siberianart); **56.3** Adobe Stock (womue); **64** Dekelver, Christian Illustration © Ernst Klett Verlag GmbH

1. Auflage 4 | 2025

Alle Drucke dieser Auflage sind unverändert und können im Unterricht nebeneinander verwendet werden.

Die letzte Zahl bezeichnet das Jahr des Druckes.
www.klett-sprachen.de

Redaktion: Edith Michaelsen
Layoutkonzeption: Andreas Drabarek
Gestaltung und Satz: Joachim Schrimm, ETYPO, Friolzheim
Umschlaggestaltung: Andreas Drabarek
Umschlagbild und Illustrationen: Matthias Pflügner, Berlin
Tonaufnahmen und Schnitt: Bernard Lapointe, Eclair
Visioning and Accessibility, Straßburg
Sprecher: Jimmy Patouillard, Manon Klein, Maia Guéritte, Jérémy Ott, Milan Morotti, Marie Seux, Jean-François Legonin, Cassandre Duquesnel
Druck und Bindung: Plump Druck & Medien GmbH, Rheinbreitbach

Printed in Germany
ISBN 978-3-12-591007-2

PEFC
Förderung nachhaltiger Waldbewirtschaftung
PEFC/04-31-3752
www.pefc.de

Table des matières

Das Hörspiel und andere Extras sind online verfügbar: Zugangshinweise findest du auf Seite 1 des Buches.

Vorwort

Liebe Schülerin und Schüler,

Lesen sollte zuallererst Spaß machen. Eine spannende Geschichte kommt aber nicht ohne einige Vokabeln aus, die du nach einem Jahr Französisch noch nicht kennst. Diese werden jeweils am Seitenende erläutert.

Wenn sich Jugendliche (aber auch Erwachsene) im Alltag unterhalten, wie hier z. B. Damien und seine Freunde, benutzen sie vorzugsweise das „français familier", das umgangssprachliche Französisch. Das hat z. B. folgende Merkmale:

- Bei Verneinungen fällt oft das ne weg:
  je sais **pas** statt je ne sais **pas**
- Bei Fragen wird die Intonationsfrage bevorzugt, in welcher die Reihenfolge der Wörter die gleiche bleibt, wie bei einem Aussagesatz:
  Tu sais pourquoi ? statt Est-ce que tu sais pourquoi ?

Damit du dich aktiv mit dem Inhalt der Lektüre auseinandersetzen kannst, werden dir Aktivitäten zu jedem Kapitel der Lektüre ab S. 42 angeboten. Diese prüfen sowohl die Kompetenzen des Lese- als auch des Hörverstehens.

Das Hörspiel 🎧 zur Lektüre sowie weitere digitale Extras, die mit dem Symbol [≡a] kennzeichnet sind, sind online verfügbar (Zugangshinweise auf Seite 1 des Buches).
Und nun viel Spaß beim Lesen und Zuhören!

1

Vendredi soir, Damien, bientôt quatorze ans, arrive à la gare Saint-Lazare, à Paris. Il est de Rouen et passe le week-end de son anniversaire chez ses cousins Leïla et Maxime. Leïla a quatorze ans et son frère Maxime a seize ans. Ils habitent avec leurs parents, Malika et Arnaud, près de la place de la République.

Leïla regarde son smartphone. Il est dix-huit heures quarante-trois, le train de Damien est là. Mais où est Damien ? Il y a beaucoup de monde dans la gare.

MAXIME : Regarde ! Il est là, mon cousin préféré… Haha… Eh, Dam ! DAM ! On est ici !

DAMIEN : Ouh là… Il y a trop de gens ici… Salut Leïla, salut Maxime !

Damien fait la bise à sa cousine et à son cousin. Il aime bien ses cousins parisiens.

---

7 **beaucoup de** + *nom* viel,e + *Substantiv* – 8 **le monde** die Menschen, die Welt – 11 **trop de** + *nom* zu viel,e + *Substantiv* – 11 **les gens** *mpl oder fpl* die Menschen, die Leute

LEÏLA : Bienvenue à Paris !
DAMIEN : Je suis trop content de vous revoir et de passer mon anniversaire avec vous !
MAXIME : On y va ? J'ai la dalle, moi !
DAMIEN : Moi aussi.

Ils vont à la station de métro.

DAMIEN : D'abord, j'achète des tickets de métro. Oh non, il y a beaucoup de monde au guichet.
MAXIME : T'inquiète, on a un ticket pour toi !
DAMIEN : Merci !
LEÏLA : Et on a plein de surprises pour toi ce week-end !
DAMIEN : Trop cool, j'adore les surprises.

Les trois jeunes prennent le métro en direction de la place de la République.

---

2 **trop content/contente** *fam* unfassbar froh – 4 **avoir la dalle** *fam* avoir faim *(Hunger haben)* – 8 **un guichet** un endroit où on achète des tickets *(Schalter, Kasse)* – 9 **T'inquiète !** *fam* Ne t'inquiète pas ! *(Mach dir keine Sorgen!)*

2

Damien : Hm… Tonton Arnaud, tes croque-monsieur sont super bons. C'est vraiment mon plat préféré !

Arnaud : Hahaha, merci Damien. Tu aimes toujours les croque-monsieur, je suis content.

Damien : Mais j'adore aussi la cuisine marocaine de tatie Malika.

Malika : Ça tombe bien, demain, c'est mon tour de faire la cuisine.

Damien : Top ! Vous êtes super sympas !

Leïla : On a un super programme pour toi demain. D'ailleurs, est-ce qu'il va faire beau ? Euh… Sniggy, il va faire quel temps demain à Paris ?

Sur une commode, un cube gris répond :

1 **tonton Arnaud** *fam* oncle Arnaud – 2 **un/des croque-monsieur** un sandwich chaud, une spécialité française – 3 **un plat** ici : kulinarisches Gericht – 8 **tatie Malika** *fam* tante Malika – 9 **Ça tombe bien !** Das trifft sich gut! – 11 **d'ailleurs** übrigens

MALIKA : Ah super ! Tu as de la chance, Damien ! C'est un temps idéal pour visiter Paris et faire des jolies photos. Tu as un nouveau smartphone ?

DAMIEN : Oui, c'est le cadeau de Noël de mes parents. Leïla, tu joues toujours à Mario Kart ? J'ai une super vidéo de Kingster.

MALIKA : C'est qui, Kingster ?

DAMIEN : C'est un influenceur. Il fait des vidéos sur Mario Kart et Fortnite.

LEÏLA : Ouais, il est super rigolo.

MAXIME : Vous jouez toujours à Mario Kart ?

LEÏLA : Mais oui, c'est génial.

DAMIEN : Mon personnage préféré, c'est Funky Kong.

Brrr-brrr… Damien regarde son smartphone.

DAMIEN : Ah non… Mince… La batterie est vide. Vous avez un câble pour moi ?

LEÏLA : Pas de problème, Damien. Tiens, prends mon câble ! On fait une partie de Mario Kart tous les trois ?

MALIKA : Ah non mes cocos, il est déjà vingt-deux heures quarante-cinq. Au lit !

LEÏLA : On n'est plus des bébés, m'man !

MALIKA : On ne discute pas.

Ça tombe bien, Damien est fatigué, mais il est aussi très curieux. Qu'est-ce qu'ils vont faire demain ?

---

9 **rigolo, rigolote** lustig – 14 **une batterie** Akku – 14 **vide** leer – 18 **mes cocos** *ici :* meine Lieben – 19 **Au lit !** Ab ins Bett! – 22 **curieux, curieuse** neugierig

3

LEÏLA, MAXIME ET LEURS PARENTS CHANTENT : Joyeux anniversaire, joyeux anniversaire ! Joyeux anniversaire, Damien ! Joyeux anniversaiiiiiire !

DAMIEN : Merci !

LEÏLA : Félicitations, toi aussi, tu as quatorze ans maintenant.

DAMIEN : Ouais, enfin ! Merci pour le gâteau au chocolat, c'est mon gâteau préféré !

MALIKA : On a aussi des croissants et de la baguette pour le petit-déjeuner.

DAMIEN : Miam, c'est royal !

À la fin du petit-déjeuner, Leïla apporte deux enveloppes et un joli paquet.

DAMIEN : Oh, merci ! C'est trop gentil !

LEÏLA : Commence par le paquet, s'il te plaît.

---

10 **C'est royal !** Welch ein Luxus! – 12 **une enveloppe** ein Umschlag – 13 **C'est trop gentil !** Das ist unheimlich nett!

Damien ouvre le paquet et trouve un livre sur le street art à Paris.

DAMIEN : Merci, trop cool ! Moi, j'adore les mosaïques Space Invaders, elles sont partout à Paris.

MAXIME : Tu vas sûrement en voir aujourd'hui !

Damien regarde les enveloppes.

DAMIEN : Pourquoi il y a une enveloppe noire et une enveloppe bleue ?

LEÏLA : Tu vas voir ! Paris et le noir, qu'est-ce que ça veut dire pour toi ?

DAMIEN : Paris et le noir... Euh, Paris la nuit ? Euh… Ou dans le métro ?

LEÏLA : Ah, pas mal, bravo ! Ouvre l'enveloppe pour avoir la réponse.

DAMIEN : Oh, des billets pour visiter les Catacombes. Super !!! Aujourd'hui ?

LEÏLA : Oui ! Les billets sont pour la visite de quatorze heures.

DAMIEN : Cool, merci beaucoup !

Maintenant, Malika donne l'enveloppe bleue à Damien. Leïla regarde son cousin avec un sourire.

LEÏLA : À ton avis, pourquoi elle est bleue ?

DAMIEN : Euh… Parce que c'est ma couleur préférée ?

LEÏLA : Ah bon … c'est pas le jaune ?

DAMIEN : Ouais, en fait, j'aime le bleu et le jaune… Hm… Le bleu, c'est pour… Je ne sais pas… Euh… La mer ?

---

3 **partout** überall – 4 **en voir** davon welche sehen – 19 **un sourire** Lächeln – 20 **à ton avis** deiner Meinung nach

LEÏLA : À Paris ?
DAMIEN : Oui, Paris-plages ! C'est comme à la mer !
LEÏLA : Ah, t'es drôle, mais non. Cherche encore !
DAMIEN : Euh… Le bleu… c'est … le ciel !
LEÏLA : Ouiiiii, c'est le ciel… OK vas-y, ouvre l'enveloppe !

Damien ouvre l'enveloppe bleue. Dedans, il y a aussi deux billets…

DAMIEN : Oh trop cool ! On va monter sur l'Arc de Triomphe ! C'est trop trop bien !
LEÏLA : Oui ! Sur le toit de l'Arc de Triomphe, on a une super vue sur Paris et aussi sur la tour Eiffel !
DAMIEN : Oh merci, c'est une super idée. Je suis vraiment content. Mais, il y a juste deux billets ?
MALIKA : Oui, Leïla va être ton guide dans Paris aujourd'hui. Damien : Cool… Et Maxime ?
MAXIME : Je suis désolé, Damien, j'ai mon entraînement pour les championnats de France d'athlé aujourd'hui. C'est important, tu sais. Mais je vais faire la fête avec toi, ce soir, c'est promis !

---

2 **Paris-plages** *Erholungsangebot im Sommer mitten in Paris, am Ufer des Flusses „la Seine"* – 3 **drôle** lustig – 4 **le ciel** der Himmel – 5 **vas-y** los – 6 **dedans** darin, drinnen – 10 **un toit** Dach – 10 **une super vue** eine tolle Aussicht – 14 **un/une guide** Reiseführer/in – 16 **un entraînement** → **s'entraîner** trainieren – 17 **l'athlé** → **l'athlétisme** *m* Leichtathletik – 18 **C'est promis !** Versprochen!

4

DAMIEN : Waouh, il est hyper impressionnant, l'Arc de Triomphe ! Et il y a beaucoup de voitures qui passent autour !

Beaucoup de touristes visitent l'Arc de Triomphe. À l'entrée du monument, un homme contrôle les billets et les sacs des touristes.

AGENT DE CONTRÔLE : Bonjour, vos billets, s'il vous plaît.

Les jeunes montrent leurs billets.

AGENT DE CONTRÔLE : Merci. Ouvrez vos sacs, s'il vous plaît !

L'homme regarde dans les sacs. Puis, Damien demande :

DAMIEN : Monsieur, s'il vous plaît, il fait combien de mètres de haut l'Arc de Triomphe ?

---

1 **impressionnant, impressionnante** beeindruckend – 2 **une voiture** Auto – 2 **passer autour de qc** um etw herumfahren/gehen – 9 **de haut** *ici :* groß

Agent de contrôle : Cinquante mètres. L'escalier est par là.

Damien : L'escalier ? Euh, on va plutôt prendre l'ascenseur ! Il est où ?

L'agent de contrôle rigole.

Agent de contrôle : Ah l'ascenseur est pour les personnes à mobilité réduite. Vous êtes jeunes et sportifs ! Vous allez adorer monter à pied ! Il y a seulement deux cent quatre-vingt-quatre marches !

Damien : Deux cent quatre-vingt-quatre ?

Leïla : Un jeu d'enfant pour toi, Damien, tu es champion de foot, non ?

Damien : Champion… euh, j'aime ça, oui ! Surtout à la télé…

Leïla : On fait la course ?

---

2 **un escalier** Treppe – 4 **plutôt** lieber – 4 **un ascenseur** Aufzug – 7 **une personne à mobilité réduite** Person mit eingeschränkter Mobilität – 9 **à pied** *m* zu Fuß – 9 **seulement** nur – 10 **une marche** Treppenstufe – 14 **surtout** vor allem – 15 **faire la course** Wettrennen machen

5

Deux cent quatre-vingt-quatre marches plus tard, Damien et Leïla arrivent sur le toit de l'Arc de Triomphe. Après l'effort, le réconfort…

DAMIEN : Oh waouh, le panorama est superbe ! Oh, la tour Eiffel est tout près ! Elle est trop belle ! Et les Champs-Élysées sont hyper longs.
LEÏLA : Oui et en bas, derrière l'Obélisque, c'est le Louvre !
DAMIEN : Et là-bas, c'est Montmartre ?
LEÏLA : Oui, c'est le Sacré-Cœur.
DAMIEN : Viens, on fait un selfie devant la tour Eiffel !
LEÏLA : OK !

2 **Après l'effort** *(m)*, **le réconfort !** Nach der Arbeit kommt das Vergnügen! – 4 **superbe** herrlich – 5 **tout près** ganz nah – 7 **en bas** ≠ en haut (unten ≠ oben)

Les deux jeunes prennent plusieurs poses pour avoir LE parfait selfie. Mais il y a toujours plus de touristes qui arrivent alors Damien demande :

Damien : Leïla, la visite des Catacombes est à quatorze heures, c'est ça ?

Leïla : Oui, et comme il est onze heures, on a le temps. Tu as envie de faire quoi maintenant ?

Damien : On cherche une mosaïque de Super Mario ? J'ai déjà une photo de la grande mosaïque du Super Mario, elle est près du Centre Georges Pompidou. Mais il y a aussi une petite mosaïque dans le treizième arrondissement, je crois.

Leïla : Ah oui, bien sûr, il y a beaucoup de street art dans le treizième. Il est dans quelle rue ?

Damien : Dans la rue du Docteur Magnan.

Leïla : OK, je regarde quel métro va dans cette direction.

Leïla ouvre une appli sur son smartphone.

Leïla : Alors, on peut marcher sur les Champs-Élysées jusqu'au Louvre et prendre la ligne sept jusqu'à Place d'Italie.

Damien : Ouh là, ils sont longs, les Champs-Élysées !

Leïla : Oui, mais on a le temps. Il fait beau et il y a beaucoup de magasins sympas !

Damien : C'est vrai et en plus, on va peut-être trouver d'autres Space Invaders. Tu cherches avec moi ?

Leïla : OK ! On y va !

---

1 **plusieurs** mehrere – 2 **plus** [plys] **de** + *nom* mehr + *Substantiv* – 6 **comme** *ici* : weil, da – 9 **grand, grande** groß – 10 **petit, petite** klein – 11 **le treizième arrondissement** das dreizehnte Arrondissement/Stadtteil – 11 **je crois** *ici* : glaube ich – 15 **quel, quelle** welcher/welche/welches – 17 **marcher** gehen – 17 **jusque/jusqu' à** bis

6

Leïla et Damien marchent sur l'avenue des Champs-Élysées quand, tout à coup, Damien s'arrête.

LEÏLA : Qu'est-ce qu'il y a ?
DAMIEN : Haha, regarde ! Là !
LEÏLA : Ah ouiiii, oh il est petit, cet Invader !
DAMIEN : Et il est bien caché ! Je vais prendre une photo.

Puis les deux jeunes continuent leur balade sur les Champs-Élysées. Il y a beaucoup de restaurants et de magasins de vêtements. Soudain, Damien s'arrête encore une fois.

LEÏLA : Quoi ? Encore un Invader ?
DAMIEN : Non, le magasin officiel du PSG !
LEÏLA : Ah oui, c'est vrai, tu es fan du Paris-Saint-Germain !
DAMIEN : On y va ?
LEÏLA : On y va !

Dans le magasin, Damien va directement vers les maillots de foot.

DAMIEN : Trop cool, le nouveau maillot du PSG !
LEÏLA : Ouais, il est beau !

Damien regarde le prix.

---

2 **tout à coup** plötzlich – 2 **s'arrêter** anhalten – 6 **caché, cachée** versteckt – 7 **une balade** une promenade *(Spaziergang)* – 8 **un vêtement** Kleidungsstück – 16 **un maillot de foot** Fußballtrikot

DAMIEN : Waouh, il est trop cher !
LEÏLA : Il coûte combien ?
DAMIEN : Cent-dix euros. Non, c'est trop cher pour moi. Mais un jour, peut-être…

Damien et Leïla sortent du magasin. Damien pense encore au maillot du PSG.

DAMIEN : Tu sais, en fait, je n'ai pas besoin de ce maillot. Je suis déjà un vrai supporter du PSG !
LEÏLA : C'est vrai, Dam ! Tu as tout à fait raison !

Leïla et Damien arrivent enfin à la place de la Concorde, avec l'Obélisque au milieu. Ils traversent le jardin des Tuileries et prennent le métro en direction de la place d'Italie.

---

1 **cher, chère** *ici :* teuer – 5 **sortir d'un endroit** einen Ort verlassen – 5 **penser à qc** an etw denken – 7 **je n'ai pas besoin de qc** ich brauche etwas nicht – 8 **un supporter, une supportrice** Unterstützer/in – 9 **avoir tout à fait raison** völlig Recht haben – 11 **au milieu (de qc)** in der Mitte (von etw) – 11 **traverser un jardin** durch einen Garten gehen

7

Une demi-heure plus tard, Leïla et Damien arrivent dans la rue du Docteur Magnan. Sur un bâtiment, il y a une immense image de street art.

Damien : Il est impressionnant ce portrait !
Leïla : Oui, j'adore les couleurs. L'artiste s'appelle C215. Il est français et il est super connu. Il fait des fresques en France et à l'étranger. Regarde ! Ma fresque préférée, c'est Le Chat.

Leïla montre à Damien des photos des fresques de C215 sur son portable.

Damien : Oui, elles sont cool, ces fresques ! Et elles sont immenses !

Damien et Leïla prennent des photos, puis Damien cherche autour de lui.

Damien : Où est-ce qu'il est, ce Super Mario ? Oh, regarde, il est là !
Leïla : Ah oui, il est bien caché !

Damien prend au moins vingt photos de la mosaïque. Leïla rigole.

Leïla : Tu l'adores, ce Mario ! Je prends une photo de vous deux ?
Damien : Oui, s'il te plaît !

---

6 **connu, connue** célèbre *(bekannt)* – 6 **une fresque** une grande image sur un mur *(Mauer)* – 7 **à l'étranger** *m* im Ausland – 12 **autour de** um… herum – 16 **au moins** mindestens

Damien va sous la mosaïque en forme de Super Mario et Leïla prend la photo.

LEÏLA : Regarde ! Est-ce que la photo est bonne ?
DAMIEN : Oui, elle est super ! Merci ! Eh, il est déjà 13 h 15, on a le temps de manger un peu avant les Catacombes ?
LEÏLA : Oui, moi aussi j'ai faim. Un sandwich, ça te dit ? Il y a une boulangerie là-bas.

Quelques minutes plus tard, Leïla et Damien mangent leur sandwich à la terrasse de la boulangerie. Ils regardent les gens qui passent : les Parisiens ont l'air stressés, ils marchent vite, mangent leur sandwich et regardent leur smartphone. Les touristes ont l'air contents et prennent des photos de street art. Soudain, Leïla arrête de manger et dit :

LEÏLA : Non, je rêve ! Regarde !

---

6 **Ça te dit ?** Hast du Lust darauf? – 10 **avoir l'air stressé** gestresst wirken/aussehen – 13 **dire (qc à qn)** (jdm etw) sagen

8

DAMIEN : Quoi ?
LEÏLA : Regarde ! C'est Kingster !
DAMIEN : Kingster ? L'influenceur ? Où ça ?
LEÏLA : À la terrasse du café, devant nous ! C'est lui, non ? Avec sa copine ? Viens, on va lui parler.
DAMIEN : Non, il est tranquille avec sa copine.

Mais Leïla n'écoute pas Damien et va parler au jeune homme.

LEÏLA : Dam, viens !

Damien arrive près de Kingster et de sa copine.

DAMIEN : Salut ! Oh, je rêve, Kingster ! Ta dernière vidéo est vraiment top !
LEÏLA : J'adore tes commentaires !
DAMIEN : Moi aussi, tu es trop marrant !
KINGSTER : Merci, c'est sympa !
LEÏLA : Est-ce qu'on peut faire une photo avec toi ?
KINGSTER : Oui, bien sûr !

Leïla demande à la copine de Kingster :

LEÏLA : Est-ce que tu peux nous prendre en photo, s'il te plaît ?

---

6 **tranquille** entspannt – 13 **marrant, marrante** drôle, amusant

Soudain, brr-brr, le téléphone de Leïla vibre. C'est un message vocal de Malika, la tante de Damien :

« Ça va ? Vous êtes bientôt aux Catacombes ? »

DAMIEN : Oh mince, les Catacombes ! Il est quelle heure ?

LEÏLA : Treize heures quarante-cinq, on y va ! Merci Kingster, tu es trop cool !

DAMIEN : Oui, vraiment et merci pour la photo ! Salut !

Leïla et Damien marchent vite vers la station Place d'Italie et prennent le métro jusqu'à la station Denfert-Rochereau. Damien est nerveux. Leïla reste calme.

DAMIEN : Ouh là, il est treize heures cinquante-cinq.

LEÏLA : T'inquiète, on arrive bientôt. Et puis, je suis sûre qu'il y a une longue file d'attente.

---

3 **Mince !** Verflixt! – 7 **vers qc** en direction de qc – 12 **une longue file d'attente** lange Warteschlange

9

Leïla a raison. La file d'attente est très longue. Les deux jeunes sont derrière un garçon et une fille. Damien rêve un peu…

Damien : Oh waouh… Une photo avec Kingster, c'est… génial !
Le garçon devant eux regarde Damien et demande :

Garçon : Euh… excuse-moi. Tu parles de l'influenceur Kingster, le Kingster des jeux vidéos ?
Damien : Oui. Il est super sympa. On a une photo de lui.
Garçon : Vous avez de la chance. J'adore les vidéos de Kingster, il a de l'humour et il donne toujours des super conseils.
Leïla : Oui, c'est vrai. Euh… Tu t'appelles comment ?
Garçon : Moi, je suis Enzo et c'est ma sœur Emma. On est de Fontainebleau.
Emma : Salut !
Leïla : Salut. Moi, c'est Leïla et lui c'est Damien, on est cousins. C'est son anniversaire aujourd'hui.
Enzo : Oh cool ! Joyeux anniv !
Emma : Ouais, joyeux anniv'. Tu as quel âge ?
Damien : J'ai quatorze ans.
Emma : Ah comme moi !
Leïla : Et toi, tu as quel âge, Enzo ?
Enzo : Moi, j'ai seize ans. On peut voir votre photo de Kingster ?
Leïla : Oui, bien sûr. Regarde !
Enzo : Waouh… cool !
Damien : Oui, c'est vraiment une super surprise. Eh, toi aussi tu es fan du PSG ? Il est classe ton maillot !

---

9 **un conseil** Ratschlag

Enzo : Oui, ce sont des champions ! Et puis, j'adore le rouge et le bleu ! Cette saison, ils vont bien jouer, c'est important...

Emma : Ohé les garçons, vous avancez ?
Damien : On arrive… Oh non ! Encore un escalier ?
Leïla : Ah ben oui, il n'y a pas d'ascenseur !
Enzo : Ouais, et cent trente-et-une marches !
Damien : Décidément, il faut être sportif à Paris !

3 **avancer** aller vers l'avant *(weitergehen, vorankommen)* – 7 **décidément** (also) wirklich – 7 **il faut** + *infinitif* man muss

10

Les visiteurs arrivent dans un tunnel sombre où il y a beaucoup, beaucoup d'ossements et de crânes. Quelle ambiance !

Le guide : Bonjour et bienvenue dans l'empire de la mort !
Enzo : Ouh là ! Il fait froid ici.
Le guide : Oui, il fait quatorze degrés. C'est pratique pour conserver les ossements de plus de six millions de Parisiens…
Emma : Six millions !
Le guide : Oui ! Attention, les Catacombes sont un vrai labyrinthe, alors, restez groupés s'il vous plaît !

Le groupe avance dans le tunnel. Les visiteurs sont silencieux et écoutent les explications du guide.

Le guide : À la fin du dix-huitième siècle, il n'y a plus de place dans les cimetières parisiens alors, on met les ossements des morts dans ces galeries de 1785 à 1861.
Enzo : Excusez-moi, Monsieur. On peut prendre des photos ?
Le guide : Oui, mais sans flash, s'il vous plaît.

Emma et Leïla sont près du guide et écoutent les explications. Damien et Enzo font des pauses pour prendre des photos. Ils sont fascinés par tous les crânes.

---

1 **sombre** dunkel – 2 **des ossements** *mpl* Knochen – 2 **un crâne** Schädel – 2 **Quelle ambiance !** Was für eine Stimmung! – 3 **l'empire** *m* **de la mort** das Reich des Todes – 6 **conserver** aufbewahren – 13 **un cimetière** Friedhof – 13 **mettre** *ici :* unterbringen – 13 **un mort, une morte** Toter, Tote – 16 **un flash** Blitz

ENZO : Eh, regarde ma tête !
DAMIEN : Viens, on fait un selfie pour faire peur aux filles !

Plusieurs photos plus tard, Damien demande :

DAMIEN : Eh, Enzo, on n'entend plus le guide. On est tout seuls !
ENZO : T'inquiète, on va retrouver le groupe.
DAMIEN : Euh, on va à gauche ou à droite ?
ENZO : Je sais pas ! Euh, viens, on va à droite.

Ils marchent vite mais ils n'entendent toujours pas le groupe.

DAMIEN : Ohé, il y a quelqu'un ?

Les deux garçons avancent encore un peu, quand, tout à coup, derrière eux :

LE GUIDE : Ahhh enfin ! Vous êtes là. Qu'est-ce que vous faites ici ? Il faut rester groupés ! Venez maintenant !

11

Leïla, Damien, Emma et Enzo sont enfin dehors, au soleil et regardent les photos de leur visite des Catacombes.

LEÏLA : Elle est trop drôle cette photo de vous deux, Dam et Enzo. Tu me l'envoies Dam ? Eh mais regardez qui arrive ! C'est mon frère Maxime !

DAMIEN : Eh Maxime, qu'est-ce que tu fais là ?

Maxime arrive sur son skate-board avec un gros sac à dos.

MAXIME : Surprise ! Je passe ma pause d'entraînement avec vous. Oh, mais vous avez des nouveaux copains ? Salut, moi, c'est Maxime et vous ?

ENZO : Salut ! Moi, c'est Enzo.

EMMA : Salut ! Moi, c'est Emma. Je suis la sœur d'Enzo.

Maxime regarde Enzo un long moment. Il est… charmé.

MAXIME : Enzo… Très joli… euh joli prénom ! Tu… euh… ta sœur et toi, vous habitez à Paris ?

ENZO : Euh non, on est de Fontainebleau.

---

1 **dehors** draußen – 4 **envoyer qc à qn** jdm etw schicken – 9 **nouveau, nouvelle** neu – 15 **charmé, charmée** begeistert, wie verzaubert

LEÏLA : Eh-oh, Maxime, n'oublie pas, tu es là pour faire une SURPRISE à Damien, hein ?

MAXIME : Ah, euh, oui, bien sûr, la surprise pour Damien… Un pique-nique au Luco ! Ça vous dit ?

DAMIEN : Oui, j'adore le Luco ! Bonne idée !

ENZO : Euh, qu'est-ce que c'est le Luco ?

MAXIME : Le Luco, c'est le jardin du Luxembourg, un grand parc vachement beau, à côté d'ici.

ENZO : Ah oui, d'accord ! OK pour moi.

EMMA : Euh, oui, pour moi aussi ! On retrouve nos parents dans une heure à Notre-Dame.

MAXIME : Super, alors, on y va !

---

8 **vachement** *umgangssprache* richtig, voll – 8 **beau, belle** schön – 11 **Notre-Dame** → la Cathédrale Notre-Dame de Paris

12

Les jeunes arrivent au jardin du Luxembourg et trouvent vite un endroit où faire leur pique-nique.

DAMIEN : J'adore ce jardin.
EMMA : Moi aussi, j'aime les fleurs et les statues, c'est super beau !

Maxime propose des boissons, des macarons et des fraises.

LEÏLA : Il y a aussi des terrains de basket et des courts de tennis pour les sportifs, hein Damien ?

---

2 **un endroit** un lieu (Ort) – 6 **un macaron** un petit gâteau sucré (süßes Gebäck) – 7 **une fraise** Erdbeere – 9 **un terrain de basket** Basketballfeld – 10 **un court de ternnis** Tennisplatz

DAMIEN : Encore du sport ? Non, c'est bon, je préfère les macarons !
EMMA : Hm... moi aussi ! Ils sont trop bons. Merci Maxime ! J'adore les macarons à la vanille. C'est mon goût préféré !
LEÏLA : Et moi, je suis fan des macarons au chocolat.

Maxime mange lui aussi un macaron puis il demande à Emma et Enzo :

MAXIME : Vous êtes de Fontainebleau, c'est ça ?
ENZO : Oui. On passe le week-end à Paris avec nos parents.
MAXIME : C'est sympa Fontainebleau ?
EMMA : Ouais, c'est chouette ! Il y a une grande forêt, on peut faire du vélo, de l'escalade, de l'équitation. Moi, j'adore l'escalade.
ENZO : Moi aussi ! Et je fais de la natation.

Brr-brr, le portable d'Enzo vibre.

ENZO : Ce sont nos parents. C'est dommage, on doit déjà partir ! Merci pour tout, Maxime ! Euh, vous êtes sur Insta ?
DAMIEN : Oui, bien sûr. Tiens, tape ton nom.

Maxime ferme son sac à dos.

MAXIME : OK, moi aussi, je vous laisse. C'est la fin de ma pause ! Je vais continuer mon entraînement. Mais on se retrouve ce soir pour faire la fête !
DAMIEN : Ouais, merci pour tout, Maxime !
EMMA : Profite bien de ton anniv, Damien ! Salut !

---

3 **un goût préféré** Lieblingsgeschmack – 14 **C'est dommage !** Schade! – 14 **On doit partir.** Wir müssen los(gehen). – 16 **taper** *ici :* eingeben

Leïla, Damien, Maxime, Enzo, Emma : Salut ! À tout ! Au revoir !

Leïla regarde Damien.

Leïla : Tu as envie d'aller à Montmartre ? Il y a aussi beaucoup de street art là-bas.
Damien : Oui, c'est vrai, j'adore ce quartier !
Leïla : OK… Je regarde le chemin sur mon portable.

Leïla cherche son portable dans son sac à dos.

Leïla : Mais, où est mon portable ?!
Damien : Dans la petite poche de ton sac ?
Leïla : Euh… Non, il n'est pas là.
Damien : Sérieux ? Et dans ton jean ?
Leïla : Non plus…

---

1 **À tout !** [atut] *familier pour* **À tout à l'heure !** Bis später! – 6 **un chemin** un trajet *(Weg)* – 9 **une poche** *ici* : Vorder- oder Seitentasche – 11 **Sérieux ?** *ici familier* Ernsthaft? → **sérieux, sérieuse** ernst – 12 **non plus** auch nicht

13

Leïla et Damien cherchent le portable mais ne le trouvent pas.

Damien : On appelle Maxime ? Tes parents ?
Leïla : Non-non, ils ne vont pas être contents. Attends, j'ai une idée ! On va localiser mon portable sur ton portable.
Damien : Mais oui, bien sûr, bonne idée !

Damien ouvre une appli et tape le numéro de téléphone de Leïla. Damien et Leïla regardent le portable. Sur une carte de Paris, ils voient un point rouge, c'est le portable de Leïla ! Ils zooment. Mais le point rouge bouge, il avance vite sur le boulevard Saint-Michel !

Damien : C'est le voleur !
Leïla : Ou la voleuse ! Allez, vite ! On y va !

---

4 **localiser** chercher sur une carte – 9 **bouger** sich bewegen – 10 **un voleur, une voleuse** Dieb/in

Les deux jeunes marchent vite vers la sortie du jardin du Luxembourg.

DAMIEN : Leïla, tu penses que… le voleur ou… bien… les voleurs… ce sont Emma et Enzo ?
LEÏLA : Non !
DAMIEN : Moi non plus, mais c'est bizarre…
LEÏLA : Ouais, mais je suis sûre que ce ne sont pas des voleurs.

Damien regarde sur son portable.

DAMIEN : Le point va en direction de la Seine.
LEÏLA : OK, vite, on y va.
DAMIEN : Il va vite ! Il ou elle est peut-être à vélo ?
LEÏLA : Ou à trottinette ? Regarde, le point rouge est devant Notre-Dame !
DAMIEN : Notre-Dame ? Mais Emma et Enzo ont rendez-vous à Notre-Dame avec leurs parents !

Leïla ne répond pas. Les deux jeunes marchent vite vers la cathédrale Notre-Dame, sur l'île de la Cité, au centre de Paris. Sur l'écran du portable, le point rouge ne bouge plus. Il fait une pause juste devant la cathédrale. Bizarre ! Damien et Leïla arrivent enfin près du monument. Ils regardent partout, peut-être qu'Emma et Enzo sont là ? Mais ils ne les voient pas. Ils regardent de nouveau sur le portable : le point rouge n'est plus là ! Il traverse la Seine.

DAMIEN : Vite, on y va !

---

1 **une sortie** Ausgang – 11 **un vélo** Fahrrad – 12 **une trottinette (électrique)** E-Scooter – 16 **répondre** antworten – 18 **un écran** ein Bildschirm – 22 **traverser une rue/un fleuve** eine Straße/einen Fluss überqueren

14

Leïla ne bouge pas, elle admire la cathédrale.

Leïla : Elle est belle, hein ? J'adore sa rosace et les chimères, là-haut, elles sont trop rigolotes !

Damien : Oui, il y a des photos sur Internet, ce sont des animaux fantastiques, c'est ça ? Ils ont une super vue sur Paris !

Leïla : Viens, on fait un selfie !

Damien est surpris. Il ne comprend rien.

Damien : Euh… Oui, mais on n'a pas le temps ! On cherche ton portable !

Leïla : Oui, mais c'est ton anniv, alors, on fait un petit selfie devant la cathédrale !

1 **admirer qc** *ici :* regarder qc avec plaisir et respect (etw bewundern) – 2 **une rosace** une grande fenêtre d'église en forme de rose (Fensterrose) – 2 **une chimère** *ici :* une statue d'animal fantastique – 2 **là-haut** da oben – 3 **rigolo, rigolote** lustig

Après quatre « petits » selfies – eh oui, les trois premiers sont toujours nuls – les deux jeunes cherchent le point rouge sur le portable de Damien.

DAMIEN : Oh, c'est pas vrai, il est aux Invalides !
LEÏLA : Ce n'est pas loin en métro ! Viens, on va prendre le métro à la station Châtelet !

Damien et Leïla entrent dans la station de métro Châtelet et vont sur le quai du métro.

DAMIEN : Ouh là, il y a beaucoup de monde. Mais le métro arrive déjà – vite, on monte !
LEÏLA : Non, attends, il y a vraiment trop de gens dans ce métro. Le prochain arrive dans une minute.
ANNONCE : Direction La Défense. Prochain train dans une minute. Le suivant dans trois minutes.
DAMIEN : Mais… On va perdre du temps ! Tu n'as pas envie de trouver ton portable avec tes photos, tes messages, ton agenda ?
LEÏLA : Si ! Pourquoi ?

Damien ne comprend rien, mais il n'a pas envie de discuter. Et puis, Leïla n'est pas triste, au contraire, elle sourit à Damien.

LEÏLA : Ah tu vois, le prochain métro est vide. C'est mieux, non ?
DAMIEN : Oui oui …

Le métro va vite. Damien regarde la carte, mais le point ne bouge pas. Il est toujours devant l'Hôtel des Invalides.

---

13 **une annonce** Durchsage – 14 **le suivant, la suivante** der Nächste, die Nächste – 15 **perdre qc** etw verlieren – 19 **au contraire** im Gegenteil – 20 **vide** leer – 20 **mieux** besser

ANNONCE : Champs-Élysées-Clemenceau… Champs-Élysées-Clemenceau.

LEÏLA : On descend ici ! On va prendre la ligne 13 maintenant. Il y a juste une station jusqu'aux Invalides.

DAMIEN : Tu connais bien le chemin, dis-moi !

LEÏLA : Euh… Bien sûr, mon livre préféré est sur Napoléon, qui est aux Invalides, comme chacun sait.

DAMIEN : Napoléon Bonaparte ?

LEÏLA : Oui, il est aux Invalides. Enfin … sous la cathédrale des Invalides. On va le voir, si tu veux.

DAMIEN : Oui… euh… mais non … pas maintenant ! On cherche ton portable ?

LEÏLA : Oui, c'est vrai, tu as raison. La prochaine fois alors !

Damien pense que Leïla est vraiment bizarre ! Elle n'est pas nerveuse. Mais les voilà bientôt devant l'Hôtel des Invalides, encore un monument impressionnant de Paris. Damien regarde bien autour de lui.

DAMIEN : Il y a seulement les agents de sécurité… Mais le point est toujours ici.

LEÏLA : C'est bizarre.

DAMIEN : Eh Leïla, regarde là-bas !

15

LEÏLA : Qu'est-ce qu'il y a ?
DAMIEN : Regarde l'homme avec la veste verte là-bas.
LEÏLA : Oui ? Et alors ?
DAMIEN : Il a ton portable.
LEÏLA : Non, c'est pas mon portable, Damien.
DAMIEN : Si ! C'est peut-être TON portable, Leïla. Viens vite. On va lui parler.
LEÏLA : Non, Damien. Attends… Euh… attends…
DAMIEN : Quoi ?
LEÏLA : Regarde la carte d'abord. Le point… Il est toujours ici ?
DAMIEN : Oh mince ! Non, il n'est plus ici.

Le point bouge lentement sur l'écran. Damien baisse la tête.

DAMIEN : Mais c'est impossible. Il va partout à Paris ou quoi ?
LEÏLA : Je pense qu'il va vers la Seine. Il va…
DAMIEN : … vers la tour Eiffel ! J'y crois pas !
LEÏLA : Allez, viens, on y va ! On prend des trottinettes ?
DAMIEN : Ouais, bonne idée !

---

12 **lentement** langsam – 13 **baisser la tête** den Kopf senken – 18 **J'y crois pas !** Ich glaube es nicht!

Leïla et Damien arrivent près de la tour Eiffel en quelques minutes. Bien sûr, il y a beaucoup de monde près de la tour.

Damien : Waouh ! C'est vraiment mon monument préféré à Paris. Le voleur a bon goût ! Regarde, le point est juste en face, à cinquante mètres de nous.

Leïla : Mais, il y a trop de touristes ici. Et puis, presque tout le monde utilise son portable. Comment trouver mon portable ?

Damien : Regarde… le point… le point… Il n'est plus là. Mais… Il est où ?

Leïla : Montre ! Ah non, tu as raison. Qu'est-ce que je vais dire à mes parents ? Ils ne vont pas être contents.

Damien : Ouais, j'imagine. Et puis c'est dommage pour la photo de Kingster.

Brr-brr … Le portable de Damien vibre.

Damien : Leïla, regarde, c'est ton numéro !

Leïla : Vas-y, réponds !

6 **presque** fast – 12 **j'imagine** *ici :* das kann ich mir vorstellen – 18 **vas-y** los

16

Damien : Allô ?
Des voix : Joyeux anniversaire, Damien !! Regarde derrière toi !
Damien : Derrière moi ?

Damien regarde derrière lui et voit sa tante, son oncle et son cousin Maxime.

Damien : Vous ? Ici ?... Et vous avez le portable de Leïla ?
Maxime : Oui ! Pour mettre un peu de suspense dans ta journée d'anniversaire !

Damien éclate de rire puis regarde Leïla.

Damien : OK, je comprends tout maintenant.
Arnaud : Et la dernière surprise pour aujourd'hui : on monte sur la tour Eiffel !
Damien : Super, mais cette fois, on prend l'ascenseur !

---

2 **une voix** Stimme – 7 **le suspense** [syspens] Spannung – 9 **éclater de rire** loslachen

Activités

Avant la lecture et l'écoute

1. Qu'est-ce qu'il y a sur l'image de la couverture du livre *(Buchumschlag)* ? Regarde cette image pendant une minute. Puis fais l'activité a) sans regarder l'image.

a) Qu'est-ce qu'il y a sur l'image ? Souligne les bonnes réponses.

Sur l'image, il y a ______ chien, ______ portable, la tour Eiffel,

______ garçon, ______ train, ______ sac à dos, ______ fille,

______ arbre, ______ station de métro, ______ bus, ______ rue,

______ vélo, ______ parc, ______ magasin.

b) Maintenant, regarde encore une fois l'image et vérifie *(überprüfe)* tes solutions.

c) *un* ou *une* ? Prends un stylo rouge et un stylo bleu. Écris « un » en bleu devant les noms masculins et « une » en rouge devant les noms féminins.

2. Le titre du livre est « Anniv surprise à Paris ».

a) « Anniv » est la version courte de

____.

b) Qu'est-ce qui va se passer dans cette histoire ? Faites des hypothèses à deux (en allemand).

Pendant la lecture et l'écoute

1. **Leïla et Damien voyagent dans Paris. À la fin du livre, il y a un plan de Paris. Pendant ta lecture, cherche sur le plan les endroits *(Orte)* où vont Leïla et Damien et indique de 1 à 7 l'ordre de leur visite de ces endroits.**

2. **Tu trouves le bon code de couleurs ? Écris dans le bon ordre le nom des couleurs que tu trouves dans l'histoire et colorie les tours.**

Couleur n° 1 : ______________________

Couleur n° 2 : ______________________

Couleur n° 3 : ______________________

Couleur n° 4 : ______________________

Couleur n° 5 : ______________________

Ta couleur préférée : ______________________

Chapitre 1

1. Lis et écoute le chapitre 1 et complète le tableau comme dans les exemples en bleu. Après, à deux, comparez vos solutions.

	Damien	Leïla	Maxime	Malika et Arnaud
Damien		Il est le cousin de Leïla.		
Leïla	Elle est la cousine de Damien.			
Maxime				
Malika et Arnaud				

2. Relie les noms des jeunes aux bonnes réponses. Utilise trois couleurs différentes.

a) Ils ont quel âge ?

		● 13 ans.
Damien		● 14 ans.
Leïla	a	● 15 ans.
Maxime		● 16 ans.
		● 17 ans.

b) Ils habitent où ?

Damien		● à Rouen.
Leïla	habite	● à Nantes.
Maxime		● à Paris.

3. Complète les phrases.

Damien est à Paris pour fêter son ______________________

chez son cousin Maxime et sa ______________________ Leïla.

Son oncle s'appelle ______________________.

Malika, c'est la ______________________ de Damien.

4. Apprends en ligne le nouveau vocabulaire du chapitre 1.

Chapitre 2

1. Lis d'abord les activités suivantes. Ensuite, écoute le chapitre 2 sans lire l'histoire dans ton livre. Puis, fais les activités :

a) Le croque-monsieur, c'est le plat préféré de/ d'

☐ Malika.
☐ Arnaud.
☐ Damien.

b) Il va faire quel temps demain à Paris ?

 ☐  ☐  ☐

c) Il va faire quelles températures demain ?

Le matin : ________ °C L'après-midi : ________ °C

d) Damien, Leïla et Maxime aiment le même jeu vidéo.
☐ vrai ☐ faux

e) Kingster est un influenceur.
☐ vrai ☐ faux

f) Le portable de Damien vibre parce qu'il a un nouveau message.
☐ vrai ☐ faux

2. Lis maintenant le chapitre 2 et vérifie tes solutions aux activités 1.

3. Apprends en ligne le nouveau vocabulaire du chapitre 2.

Chapitre 3

1. Lis le chapitre 3 et fais les activités suivantes :

a) Coche les trois bonnes réponses.
Pour le petit-déjeuner, il y a

 ☐
 ☐
 ☐
 ☐
 ☐
 ☐

b) Complète la liste.

Voilà les cadeaux de Damien :

- Dans le paquet, il y a ______________________________
  ____.
- Dans la première enveloppe, il y a ______________________
  ____.
- Dans la deuxième enveloppe, il y a ______________________
  ____.

c) Coche la bonne réponse. Corrige quand c'est faux.

1) La couleur préférée de Damien, c'est le noir.
   ☐ vrai ☐ faux

2) Pour Damien, le bleu, c'est la mer.
   ☐ vrai ☐ faux

3) Maxime ne peut pas venir avec Damien. Il va faire du sport.
   ☐ vrai ☐ faux

4) Le soir, Maxime va regarder un match de foot avec Damien.
   ☐ vrai ☐ faux

2. Apprends en ligne le nouveau vocabulaire du chapitre 3.

En plus

Pour Damien, le noir, c'est la nuit et le bleu, c'est le ciel. Et pour toi ? Tu associes quoi à ces couleurs ? Écris tes idées à côté de la couleur.

Pour moi,

le jaune, c'est ______________________.

le rouge, c'est ______________________.

le vert, c'est ______________________.

Chapitre 4

Avant l'écoute : Regarde l'image au début du chapitre 4 à la page 14. Puis, réponds aux questions à l'oral. Tu peux utiliser ce mot :

une voiture 

a) Où sont Damien et Leïla ?
b) Il fait quel temps ?
c) Qu'est-ce qu'il y a autour du monument ?

Maintenant écoute le chapitre 4 sans lire l'histoire dans ton livre. Souligne *(unterstreiche)* les mots que tu entends.

à l'entrée du monument – acheter – une femme – un homme – contrôle les billets – mètres de haut – 15 mètres – 50 mètres – jeune et sportif – monter à pied – 240 marches – 280 marches – jouer avec des amis – champion de foot – Internet

Après l'écoute :

1. Lis les trois résumés. Quel résumé va avec le chapitre 4 ? Coche le bon résumé.

Damien et Leïla cherchent l'Arc de Triomphe. Un agent aide les deux jeunes.	Damien et Leïla sont sur l'Arc de Triomphe. La vue est super !	Damien et Leïla vont monter en haut de l'Arc de Triomphe par l'ascenseur.
☐	☐	☐

2. Apprends en ligne le nouveau vocabulaire du chapitre 4.

Chapitre 5

1. Lis le chapitre 5 puis complète le texte et réponds aux questions dans ton cahier.

1) Leïla et Damien découvrent ces quatre monuments de Paris :

____.

2) Il est quelle heure ?
3) À quelle heure est-ce que Leïla et Damien vont visiter les Catacombes ?
4) Qu'est-ce que Damien veut faire avant la visite des Catacombes ?
5) Où est-ce que Leïla et Damien veulent aller après ?

2. Apprends en ligne le nouveau vocabulaire du chapitre 5.

Chapitre 6

1. Lis d'abord les activités puis écoute le chapitre 6 sans lire l'histoire dans ton livre. Coche la bonne réponse.

a) Sur les Champs-Elysées, Damien trouve
- ☐ un petit chien.
- ☐ un Space Invader.
- ☐ une voiture cool.

b) Sur les Champs-Elysées, il y a beaucoup de
- ☐ collèges.
- ☐ boulangeries.
- ☐ restaurants.

c) Dans un magasin, Damien trouve
- ☐ un jeu vidéo.
- ☐ un ballon.
- ☐ un maillot.

d) Le prix est
- ☐ 10,10 €.
- ☐ 110 €.
- ☐ 100,10 €.

2. Maintenant lis le chapitre 6 et vérifie tes solutions aux activités 1.

3. Apprends en ligne le nouveau vocabulaire du chapitre 6.

Chapitre 7

1. Lis le chapitre 7 et fais les activités suivantes :

a) Complète le résumé.

Après ____________________ minutes, Leïla et Damien sont dans la rue ______________________. Les deux jeunes trouvent une image de ________________________. Damien cherche toujours _______________________________. Enfin, il trouve la mosaïque et il prend _______________ photos. Leïla propose à Damien de __________________________ une photo de lui avec Super Mario. Ensuite, les deux jeunes ont __________________, alors ils achètent des sandwichs dans une __________________________. Tout à coup, Leïla arrête de ____________________. Elle est très surprise.

b) À la fin du chapitre 7, Leïla voit quelque chose d'incroyable. À ton avis, qu'est-ce qu'elle voit ? Imagine *(denk dir aus)* la suite de l'histoire.

c) À deux : Préparez un jeu de rôle à partir de votre suite de l'histoire. Jouez-le devant la classe.

2. Apprends en ligne le nouveau vocabulaire du chapitre 7.

Chapitre 8

1. Écoute et lis le chapitre 8 puis fais les activités suivantes :

a) Mets les phrases du résumé dans le bon ordre.

1) Elle demande si Leïla et Damien sont déjà aux Catacombes.
2) Il est temps d'aller aux Catacombes, alors les deux jeunes vont vite vers le métro.
3) Leïla prend une décision : elle va lui parler.
4) Puis le portable de Leïla vibre : c'est un message de sa mère.
5) Damien aussi va voir Kingster.
6) Près de Leïla et Damien, il y a Kingster, un influenceur.
7) Les deux jeunes adorent Kingster, alors ils prennent une photo avec lui.

Le bon ordre : _6_ ___ ___ ___ ___ ___ ___

b) À deux : Comparez vos solutions.

c) Écris le résumé dans ton cahier. Est-ce que tu arrives à le copier sans fautes ? 😉

d) À deux : Échangez vos cahiers et vérifiez vos textes.

2. Apprends en ligne le nouveau vocabulaire du chapitre 8.

Chapitre 9

1. Lis le chapitre 9 et complète le tableau.

Nom :		
Il/Elle est de…		
Âge :		

2. Présente le garçon ou la fille à l'oral. Utilise les informations de l'activité 1.

3. Complète le tableau.

Ces phrases vont avec qui ?	Nom(s)
« Aujourd'hui, c'est mon anniversaire. »	
« J'adore Kingster. »	
« Je suis fan du PSG. »	
« Venez, on peut entrer ! »	
« Paris, c'est du sport ! »	

4. Apprends en ligne le nouveau vocabulaire du chapitre 9.

Chapitre 10

1. **Lis d'abord les activités puis écoute le chapitre 10 sans lire l'histoire dans ton livre et coche la bonne réponse.**

a) Dans les Catacombes, il fait
- ☐ – 4 °C.
- ☐ 4 °C.
- ☐ 14 °C.

b) Dans les Catacombes, il y a
- ☐ 6 millions de morts.
- ☐ 16 millions de morts.
- ☐ 26 millions de morts.

c) L'idée de Damien, c'est de
- ☐ faire un selfie pour les filles.
- ☐ quitter les Catacombes.
- ☐ faire des bruits pour faire peur.

d) Le problème d'Enzo et Damien :
- ☐ leurs portables ne marchent pas.
- ☐ le groupe n'est plus là.
- ☐ il y a trop de monde.

2. **Lis le chapitre 10 et vérifie tes solutions à l'activité 1.**

3. **Apprends en ligne le nouveau vocabulaire du chapitre 10.**

En plus

Fais une recherche sur le site Internet des Catacombes à Paris et réponds aux questions dans ton cahier :

a) Quand est-ce qu'on peut visiter les Catacombes (jours et heures) ?
b) L'entrée pour un enfant, c'est combien ?
c) L'entrée pour ta mère / ton père, c'est combien ?
d) Le parcours dans les Catacombes est long. Il fait combien de mètres ?

Chapitre 11

1. Lis le chapitre 11, puis mets les phrases du résumé dans le bon ordre. Après, copie le résumé dans ton cahier.

	a) Maxime fait la connaissance d'Emma et Enzo. Il aime beaucoup Enzo.
	b) Emma et Enzo vont aussi au jardin du Luxembourg et vont retrouver plus tard leurs parents à Notre-Dame.
	c) Les quatre amis quittent les Catacombes, puis ils regardent la photo d'Enzo et Damien.
	d) C'est un pique-nique au jardin du Luxembourg.
	e) Ensuite, Maxime, le frère de Leïla, arrive. Il a une surprise pour Damien.

2. Réponds aux questions dans ton cahier.

a) Le Luco – qu'est-ce que c'est ?
b) Quand est-ce qu'Emma et Enzo retrouvent leurs parents ?

3. Apprends en ligne le nouveau vocabulaire du chapitre 11.

Chapitre 12

1. Lis d'abord les activités puis écoute le chapitre 12 sans lire l'histoire dans ton livre et coche la bonne réponse.

a) Maxime propose :

 ☐

 ☐

 ☐

b) Leïla aime les macarons

☐ aux fraises.

☐ à la vanille.

☐ au chocolat.

c) Emma explique : à Fontainebleau, on peut faire… (il y a deux solutions !)

 ☐

 ☐

 ☐

d) À la fin, Enzo

☐ donne son numéro de portable à Damien.

☐ écrit son nom Insta sur le portable de Damien.

☐ fait encore un selfie avec Damien.

2. Formez des groupes de cinq élèves et jouez le chapitre 12.

3. Apprends en ligne le nouveau vocabulaire du chapitre 12.

Chapitre 13

1. Lis d'abord les activités puis écoute et lis le chapitre 13. Complète ensuite le résumé du chapitre.

a) Leïla et Damien cherchent le portable de Leïla. Elle a une idée : Elle veut localiser ______________________ sur le portable de ______________.

b) Damien tape ______________________ de téléphone de Leïla dans une appli. Les deux jeunes voient ______________________ rouge.

c) Leïla et Damien regardent la carte et marchent pour trouver le ______________ ou bien les ______________. D'abord, Damien pense que les voleurs, ce sont ______________ ______________ et ______________.

d) Le point rouge ne bouge plus quand les deux jeunes arrivent

à ______________________________.

Ils cherchent partout, puis ils voient sur la carte que le point

traverse la ________________________.

**2. Prends le rôle de Damien et écris un texto à sa tante.
Ces mots peuvent t'aider :**

le portable – ne plus être là – maintenant – chercher –
une appli – montrer un point – c'est / ce sont–
le voleur / la voleuse / les voleurs

3. Apprends en ligne le nouveau vocabulaire du chapitre 13.

Chapitre 14

1. Lis d'abord les activités puis écoute le chapitre 14 et coche la bonne réponse.

a) Leïla aime beaucoup la cathédrale Notre-Dame de Paris.
☐ vrai ☐ faux

b) Damien veut faire un selfie avec Leïla devant la cathédrale.
☐ vrai ☐ faux

c) Les deux jeunes font six selfies avant d'avoir LE parfait selfie.
☐ vrai ☐ faux

d) Les deux jeunes veulent prendre le métro, mais il y a beaucoup de gens.
☐ vrai ☐ faux

e) Leïla propose de prendre le prochain métro dans une minute.
☐ vrai ☐ faux

f) Damien ne comprend pas la réaction de Leïla.
☐ vrai ☐ faux

g) Leïla connaît bien les Invalides. Son film préféré est sur Napoléon Bonaparte.
☐ vrai ☐ faux

2. Lis maintenant le chapitre 14 et corrige les informations fausses dans l'activité 1.

3. Apprends en ligne le nouveau vocabulaire du chapitre 14.

Chapitre 15

1. Lis le chapitre 15 puis lis ce résumé. Attention, il y a cinq informations fausses. Souligne-les *(unterstreiche sie)* et écris le bon résumé dans ton cahier.

Damien pense que l'homme à la veste bleue a le portable de Leïla. Il veut parler avec lui. Leïla n'est pas d'accord. D'abord, elle veut regarder la carte. Le point bouge sur la Seine en direction de la tour Eiffel. Damien propose de prendre des vélos. Les deux jeunes arrivent à la tour Eiffel et cherchent le voleur. Ils ne le trouvent pas et ensuite, le point sur la carte n'est plus là. Leïla est triste parce qu'elle n'a plus la photo de Kingster. Tout à coup, le portable de Damien sonne : c'est le numéro de Leïla sur l'écran.

2. Cherche dans le texte les traductions de ces phrases et écris-les dans le tableau :

Was ist los?	
Na und?	
Komm schnell!	
Ach verdammt!	
Ich glaube es nicht!	
Du hast Recht.	

3. Apprends en ligne le nouveau vocabulaire du chapitre 15.

Chapitre 16

1. Lis d'abord les activités puis écoute le chapitre 16 sans lire l'histoire dans ton livre et coche la bonne réponse.

a) Derrière Damien, il y a

- ☐ sa tante, son oncle et son cousin.
- ☐ Emma et Enzo.
- ☐ ses parents.

b) La surprise, c'est qu'ils

- ☐ ont le portable de Leïla.
- ☐ ont le voleur du portable.
- ☐ trouvent le portable devant la tour Eiffel.

c) La dernière surprise pour Damien : ils

- ☐ achètent une petite tour Eiffel comme souvenir.
- ☐ montent ensemble en haut de la tour Eiffel.
- ☐ rentrent à la maison pour faire la fête.

2. Vérifie la route de Leïla et Damien sur la carte de Paris.

3. Apprends en ligne le nouveau vocabulaire du chapitre 16.

Après l'écoute et la lecture

1. **Le parcours de Damien et Leïla dans Paris : À deux, comparez *(vergleicht)* vos résultats de l'activité 1 p. 43 sur la carte de Paris.**

2. **Est-ce que tu as envie de visiter Paris ? Pourquoi ? Pourquoi pas ? Qu'est-ce tu veux voir ou visiter ? Est-ce que c'est un endroit *(Ort)* ou un monument d'*Anniv suprise à Paris* ? Lequel ? Il est dans quel chapitre ? Écris un court texte de cinq phrases. Ces mots peuvent t'aider :**

   J'ai envie de voir/visiter ….. parce que c'est…. intéressant/ beau/impressionnant

3. **Fais une présentation d'une minute sur ton anniversaire : Il est quand ? Avec qui et comment est-ce que tu le fêtes ? Qu'est-ce que tu aimes manger à ton anniversaire ?**

4. **Complète le texte :**

Mon chapitre préféré de l'histoire, c'est le chapitre __________

parce que ____.

Mon personnage préféré, c'est ________________________________,

parce qu'il/elle est ____________________________________.

5. **Tu veux nous donner ton avis sur le roman ? Scanne le code QR et réponds aux questions. Il y a une surprise à la fin !**

PARIS
0
500 m
1 km
Avenue de Clichy
Quartier des Batignolles
Cimetière Montmart
Boulevard Berthier
Place de Wagram
17e
Bd. Gouvion St-Cyr
Place du Maréchal Juin
Avenue de Wagram
Place du Général Catroux
Place de Clichy
Boulevard des Batignolles
Boulevard Pereire
Bd. Villiers
R. de Londres
Rue de Clichy
Arc de Triomphe
Boulevard de Courcelles
Parc de Monceau
Boulevard Malesherbes
Gare Saint-Lazare
Place de la Porte Maillot
Av. de la Grande Armée
Rue du Faubourg Saint-Honoré
Place Charles De Gaulle
Boulevard Haussmann
Bd. de l'Amiral Bruix
Palais de l'Elysée
8e
Av. des Champs-Elysées
Place de la Madeleine
Avenue Victor Hugo
Avenue Kléber
Avenue d'Iéna
Avenue Marceau
Bd. Lannes
Place Vendôme
Place de la Concorde
Rue de Rivoli
Cours Albert 1er
Jardin des Tuileries
Place du Trocadéro
Quai desTuileries
Av. de New York
16e
Tour Eiffel
Quai
Invalides
Av. du Président Kennedy
Av. G. Eiffel
Champs-de-Mars
Boulevard Suchet
Quai de Grenelle
Boulevard de Grenelle
Bd. des Invalides
7e
Boulevard Raspail
Avenue Emile Zola
Boulevard Garibaldi
Boulevard Exelmans
LA SEINE
Quai Louis Blériot
Quai André Citroën
Rue de la Convention
Rue de Sèvres
Tour Montparnasse
Bd. Pasteur
15e
Rue Lecourbe
Bd. du Montpa
Gare Montparnasse
Cimetière d Montparnas
Bd. du Général Martial Valin
Boulevard Victor
Rue de Vouillé
Catacombes
Rue d'Alésia
Boulevard Lefebvre
14e
Av. du Général Leclerc
Boulevard Brune

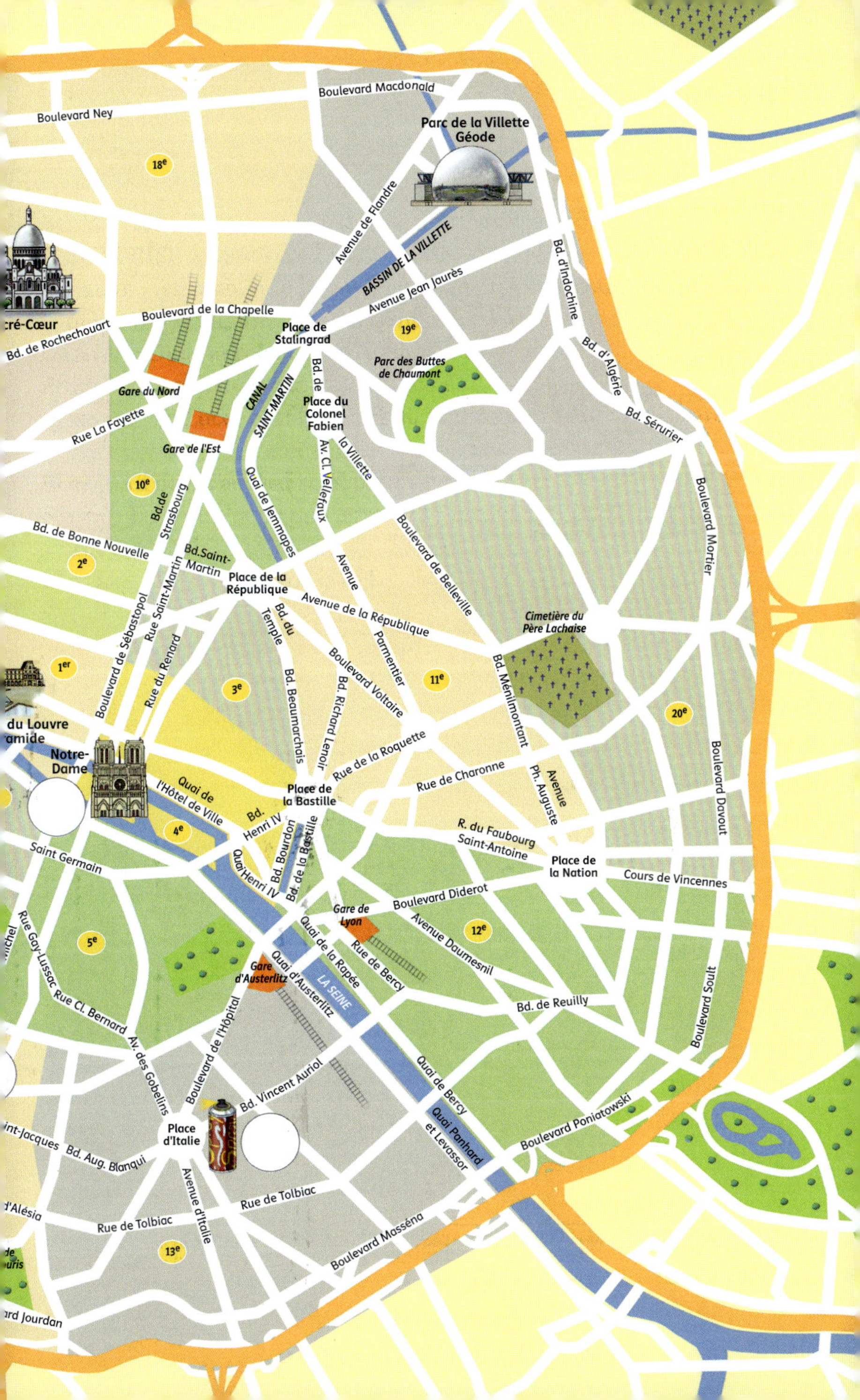

Boulevard Ney
Boulevard Macdonald
Parc de la Villette
Géode
18e
Avenue de Flandre
BASSIN DE LA VILLETTE
Avenue Jean Jaurès
Bd. d'Indochine
cré-Cœur
Boulevard de la Chapelle
Bd. de Rochechouart
Place de Stalingrad
19e
Parc des Buttes de Chaumont
Bd. d'Algérie
Bd. Sérurier
Gare du Nord
Rue La Fayette
Gare de l'Est
CANAL SAINT-MARTIN
Bd. de la Villette
Place du Colonel Fabien
Av. Cl. Vellefaux
Quai de Jemmapes
10e
Bd. de Strasbourg
Boulevard Mortier
Bd. de Bonne Nouvelle
2e
Bd. Saint-Martin
Place de la République
Avenue Parmentier
Boulevard de Belleville
Avenue de la République
Cimetière du Père Lachaise
Bd. du Temple
Boulevard de Sébastopol
Rue Saint-Martin
Rue du Renard
1er
3e
Bd. Beaumarchais
Boulevard Voltaire
Bd. Richard Lenoir
11e
Bd. Ménilmontant
20e
du Louvre
amide
Notre-Dame
Rue de la Roquette
Boulevard Davout
Quai de l'Hôtel de Ville
Place de la Bastille
Rue de Charonne
Avenue Ph. Auguste
4e
Bd. Henri IV
Bd. Bourdon
Bd. de la Bastille
R. du Faubourg Saint-Antoine
Place de la Nation
Saint Germain
Quai Henri IV
Cours de Vincennes
Boulevard Diderot
Gare de Lyon
12e
Avenue Daumesnil
Rue Gay-Lussac
5e
Quai de la Rapée
Rue de Bercy
Gare d'Austerlitz
Quai d'Austerlitz
LA SEINE
Bd. de Reuilly
Boulevard Soult
Rue Cl. Bernard
Av. des Gobelins
Boulevard de l'Hôpital
Bd. Vincent Auriol
Quai de Bercy
Quai Panhard et Levassor
Boulevard Poniatowski
Place d'Italie
Bd. Aug. Blanqui
Avenue d'Italie
Rue de Tolbiac
Boulevard Masséna
13e
Bd Jourdan

Liste des abréviations

etw	etwas
f	féminin
fpl	féminin pluriel
fam	familier
jdm	jemandem
jdn	jemanden
m	masculin
qc	quelque chose
qn	quelqu'un